S.¹
Lib 975.

Lettre

A MM. LES DÉPUTÉS.

Lettre
A MM. LES DÉPUTÉS,

SUR LA NÉCESSITÉ ET L'UTILITÉ

De Modeler

LA PAIRIE DE FRANCE

SUR

LE SÉNAT DES ÉTATS-UNIS
DE L'AMÉRIQUE SEPTENTRIONALE,

AVEC UNE RÉFUTATION DE TOUT CE QU'ON A DIT ET PEUT DIRE ENCORE EN FAVEUR DE L'HÉRÉDITÉ DE CE CORPS;

Par un Ami de la Liberté
ET DE LA SOUVERAINETÉ DE LA NATION

> Il n'y a que la restriction du pouvoir, la limitation du temps de l'office et la responsabilité personnelle qui puissent lier les mains des autorités et arrêter, paralyser les efforts de la tyrannie.
>
> LANGAGE DE LA RAISON ET DE L'EXPÉRIENCE.

Paris,

IMPRIMERIE DE CARPENTIER-MÉRICOURT,
RUE TRAÎNÉE SAINT-EUSTACHE, N° 15,

1831.

Messieurs

LES DÉPUTÉS.

Messieurs,

Dans un moment où il s'agit de modifier la Pairie de France, et où une question si grave et si importante est agitée et discutée d'une manière solennelle dans votre Chambre touchant cette institution ; dans un moment, dis-je, où une telle question politique et législative vous est déférée et soumise à votre délibération et à votre décision, sur laquelle les opinions sont si divergentes, et où elles devraient être réunies, vous ne trouverez peut-pas déplacé qu'un simple citoyen, ami de la liberté et des institutions constitutionnelles de son pays, de la simplicité et de l'harmonie qui doivent toujours exister entre toutes les différentes parties ou branches du pouvoir législatif et exécutif, dans lequel doivent se trouver partout l'unité des vues et l'action de l'autorité de la volonté générale, seul maître absolu, et qui tient à cœur et est même jaloux de les conserver pures et intactes, vous offre ses idées et ses faibles lumières sur ce sujet intéressant, et vous présente en même temps, dans le Sénat des États-Unis de l'Amérique, un modèle vivant de civilisation et de perfection sociale dont l'expérience et la sanction du temps, *criterium* infaillible de jugement, démontrent clairement l'utilité incontestable et praticable.

Il n'y a rien de si dangereux pour les libertés et les droits des nations que l'ambition et l'arbitraire de l'homme qui cherche toujours à étendre le domaine de son autorité, de sa domination, et de tyranniser ses semblables. Tous les hommes en général (et certes jamais maxime ne fut plus vraie), dans tous les siècles et dans tous les pays ont été plus ou moins avides de pouvoir, plus ou moins injustes et tyranniques lorsqu'ils furent investis de l'autorité ; tous ont plus ou moins abusé du dépôt sacré des lois et du pouvoir qui leur a été confié. Ce fut en vain qu'on a cherché à arrêter le cours de ce fléau destructeur, à opposer des digues à ce torrent rapide et impétueux qui débordait et dévastait tout le terrain de la société ; ce fut en vain qu'on a cherché la justice et la modération des hommes en place, des fonctionnaires publics, des gens revêtus de l'autorité · aveuglés par l'orgueil, la vanité, l'esprit de domination et la soif de tyranniser, ils ont été tous sourds à la voix de la raison et de la justice ; insensibles aux maux et aux malheurs de l'humanité, ils ont étouffé les remords cuisans de la conscience ; de manière que tant qu'un pouvoir indéfini et absolu leur a été donné, sans être obligés de rendre compte à personne, pas même à l'autorité primitive et légitime, de leur conduite générale et de leur administration, ils se sont tous jetés dans les excès scandaleux et criminels de l'autorité ; tant qu'on a follement laissé un pouvoir illimité et sans responsabilité aucune et à vie, à ceux qui ont été chargés de l'exécution des lois, des actes arbitraires, des démarches capricieuses et des abus scandaleux du pouvoir ont été toujours et infailliblement le résultat malheureux, funeste et déplorable de cette aveugle et criminelle confiance. Enfin, on a appris par une longue et triste expérience, suivie de torrens de sang et de rivières de larmes, qu'il n'y avait que la limitation du temps de l'office ou de la charge, la restriction de l'autorité et la responsabilité personnelle qui aient pu opposer des barrières solides et insurmontables à cet esprit d'envahissement, à cette soif maudite de domination, à ce démon furieux d'empiétement, de sorte qu'on peut dire qu'il existe parmi les corps moraux, aussi bien que parmi les corps physiques, une loi générale d'agrandissement, c'est-à-dire que les hommes s'efforcent sans cesse d'étendre la sphère de leur autorité et de leur juridiction, et de faire sentir l'action de leur influence ; aussi bien que les corps célestes et terrestres, ils tendent à s'attirer de la matière hétérogène, à l'unir à leur être, à se l'assimiler, et augmenter ainsi le volume de leur être.

Puisque donc il en est ainsi, n'est-il pas naturel et même absolument nécessaire que la société pourvoie dans ses lois à ce déréglement si dangereux et si funeste de l'homme qui attaque sans cesse, et sans jamais se lasser, les fondemens et les bases de son édifice majestueux. C'est, sans contredit, faute de cette prévoyance si naturelle et si essentielle, que l'ordre social a été si souvent violé, la tranquillité du monde a été si souvent troublée, la paix publique a été si souvent détruite, et que la société elle-même a eu si souvent à pleurer la mort de ses enfans, qu'elle a vu tant de fois la discorde et la guerre civile déchirer son sein, ses propres entrailles, sans pouvoir apporter le moindre remède à tant de maux qui ont dû affliger son cœur maternel ; c'est pourtant ce qui est arrivé partout et en tout temps depuis le commencement du monde ; vérité désolante, que les pages de l'histoire attestent partout dans leurs tragiques et sanglans récits. Que les législateurs et les amis de l'humanité et de la liberté y fassent bien attention et profitent d'une si terrible leçon !

Tous les hommes sages et amis de leur pays savent que ce n'est qu'avec une extrême circonspection qu'il faut toucher à la constitution qui régit un État, et l'expérience nous a appris combien les révolutions les plus justes entraînent des maux après elles.

Aucune, sans doute, ne fut plus motivée et plus légitime que celle qui vient de précipiter du trône un roi qui a violé le pacte fondamental : eh bien ! outre le deuil que nous avons à porter, les pleurs que nous avons à répandre sur les victimes de nos grandes journées, que de désastres dans nos fonds, dans notre commerce, dans notre industrie, dans nos finances ! quelle désorganisation dans nos administrations, dans nos tribunaux, dans nos armées ! Faisons donc en sorte que cette révolution soit la dernière, ce qui ne peut se faire qu'en la bien consolidant ; et alors ne négligeons rien pour que nos institutions soient définitives, pour qu'elles soient appropriées à nos besoins, conformes à nos intérêts, analogues à l'esprit du temps. C'est le seul moyen de donner de la force à notre gouvernement ; et, sans force, quel est le gouvernement qui peut marcher ?

Le nom de *Pair* de France n'a plus de sens depuis

Qu'y a-t-il à faire pour cela ? Rien que de fort simple.

Un grand principe a été posé : celui de la souveraineté du peuple. Il faut en accepter franchement toutes les conséquences ; il faut que tout soit d'accord avec lui.

Ces conséquences, quelles sont-elles ? En voici une des principales :

L'abolition de l'hérédité de la Pairie d'abord : cette hérédité est incompatible avec le principe universellement reconnu de la souveraineté du peuple, qui n'admet que des magistrats viagers, et souffre même avec peine et répugnance que l'élection soit faite directement par le chef de l'État, sans intervention de candidature présentée par la nation à qui seule appartient naturellement ce droit. L'hérédité des pairs est également incompatible avec le bon sens; la Pairie, dans l'ordre actuel des choses, n'étant réellement qu'une haute récompense donnée aux grandes illustrations du pays, doit finir avec la vie de ceux qui l'ont reçue ; et, si leurs enfans veulent l'avoir à leur tour, qu'ils imitent leurs ancêtres et apprennent à la mériter.

On avait voulu faire de la Chambre de Pairs un appui au pouvoir royal et absolu, une espèce de contrepoids à la Chambre des Députés, à la démocratie. Charles X a pu juger combien cet appui était illusoire ! On n'a pas vu que le contre-poids qu'on voulait établir était sans force, parce que l'aristocratie est aujourd'hui déplacée, et parce que la Pairie n'a pas de racines dans le sol de la nation, attendu qu'elle ne représente rien; il n'y en a qu'une espèce, c'est l'aristocratie de l'argent, et, par la charte de Louis XVIII, cette aristocratie était tout entière dans la seconde Chambre.

que nous n'avons plus de grands vassaux, de grands fiefs ; enfin, la grande aristocratie, et la Pairie, est une institution entièrement à refaire. Dans notre monarchie républicaine, le titre de *Sénat* conviendrait beaucoup mieux à notre première Chambre.

Consultons la morale, elle condamne mieux encore l'hérédité de la pairie, car vous ne pouvez pas avoir des pairs héréditaires sans constitution de majorats, et les majorats ne sont en définitive qu'une substitution déguisée, contraire aux bonnes mœurs, ainsi qu'à l'équité. Depuis que ces sortes de substitutions, si sagement abolies par la révolution, ont été rétablies, combien de fois des malheureux créanciers ont-ils été frustrés d'avances faites avec une confiance qui reposait sur des apparences bien trompeuses, puisque leur gage disparaissait avec celui à qui ils avaient fait leurs avances.

En dépit de quelques vanités blessés, arrière donc l'hérédité de la Pairie.

Enfin, pour bien décider cette importante question, il faut savoir et définir ce que l'on entend par la souveraineté, et ensuite déterminer en quoi elle consiste et où elle réside. La souveraineté, comme je l'entends et comme tout le monde doit l'entendre, est l'autorité suprême de la nation qui commande en maître absolu à tous, et dispose de tout à son gré sans qu'elle puisse être commandée par personne, ou arrêtée dans sa marche législative par aucune autre puissance. Or, je prétends et je soutiens, que cette autorité suprême, telle que je viens de la définir, se trouve et doit naturellement et nécessairement se trouver dans la masse, c'est-à-dire dans la grande majorité de la nation, laquelle autorité, pour pouvoir mieux l'exercer, elle confie à des représentans ou à des personnes de confiance qu'elle choisit, et qui sont capables de s'en servir pour le bien général de tous les membres de la société. Ce principe est évident et incontestable pour tout homme qui a la moindre idée de la politique, des droits et des libertés de l'homme, et qui est sans préjugés ; car cette masse où ses représentans sont seuls dignes d'être revêtus et honorés d'une si grande autorité, parce qu'ils ont seuls toutes les qualités, talens, lumières et moyens nécessaires pour exercer une aussi grande charge et de si hautes fonctions ; et, en effet, quel homme quelqu'éclairé et vertueux qu'il soit, peut réunir en un faisceau toutes les qualités requises, tous les élémens nécessaires pour un si grand ministère, une si sublime mission dont les différentes parties et branches sont si nombreuses, si multipliées et si compliquées! D'ailleurs, il serait humiliant, déshonorant même pour la grande masse de l'espèce humaine de la faire dépendre de l'arbitraire et du caprice de quelques individus, d'un petit nombre d'hommes qui n'auraient aucun droit de les commander, qui n'auraient reçu aucune mission pour leur dire : *Obéissez aveuglément et passivement à nous qui sommes vos maîtres!* Il est donc clair comme le jour que la souveraineté réside primitivement et essentiellement dans la nation qu'elle confie sagement et pour une plus grande facilité et expédition des affaires à des personnes choisies qui la représentent dignement. Ce sont ces personnes ainsi choisies qui représentent véritablement et uniquement la nation dans tous ses intérêts tant généraux que spéciaux, qui forment cet être collectif et moral que l'on nomme souverain. C'est donc à ce corps agrégé qu'appartient exclusivement et essentiellement le droit de commander, de faire des lois, et de se faire obéir et respecter. Nulle autre personne, ou autorité, ou corps quelconque dans l'État, qui ne peut être jamais regardé que comme une petite fraction de la nation, ne doit donc jamais oser entrer en lice ou en concurrence avec lui, en lui contestant l'autorité suprême! Je dirai plus encore, un tel attentat doit être regardé, en bonne politique, comme un crime horrible de lèse-nation et d'usurpation de la souveraineté qui réside essentiellement et exclusivement dans la nation, et qui est inaliénable, parce que la nation ne peut périr, ni se défaire à jamais de son autorité, qui doit toujours s'exercer par elle, ou *immédiatement* dans les assemblées populaires et générales, ou bien *médiatement* par ses députés ou représentans qui agissent pour elle, en son nom et en vertu de sa délégation.

Il suit évidemment de-là que tous ces mouvemens irréguliers et hors les voies constitutionnelles, ainsi que les conspirations que font certains absolutistes et démagogues pour usurper la souveraineté de la nation, pour s'emparer de son autorité et s'établir sur ses ruines et son trône, doivent être regardés comme autant d'actes de rebellion, d'émeutes, d'attentats perfides, de crimes les plus graves de haute trahison et de lèse-nation, dont rien ne peut égaler l'audace et la culpabilité, et doivent être punis comme tels!

En effet, depuis que les hommes ont suivi cette marche sage, adopté cette prudente mesure, exécuté ce plan sublime de restriction de pouvoir, de limitation de temps, de responsabilité personnelle à l'égard de ceux qu'ils ont chargés de l'exécution des lois, les résultats les plus heureux et les effets les plus utiles et les plus satisfaisans pour la liberté et le bonheur des peuples ont eu lieu. Et certes, l'homme, quels que soient d'ailleurs son génie, ses talens, ses lumières et sa vertu, est trop borné dans son esprit, trop faible dans ses efforts et trop corrompu dans son cœur, pour qu'il puisse se charger des destinées de tout un peuple, et il est certain que le genre humain n'a été si long-temps malheureux que parce qu'il s'est appuyé sur de si faibles roseaux, que parce qu'il a aveuglément et follement confié ses destinées et son sort à quelques mortels corrompus, qui n'avaient ni la volonté ni la force de remplir une si haute destinée, une si sainte fonction, une si sublime tâche. C'est seulement depuis qu'ils ont senti et reconnu la fausseté et l'absurdité d'un si faux, d'un si mauvais et d'un si dangereux principe, ainsi que les suites funestes qui en découlent directement, et s'en sont écartés dans leur conduite, qu'ils ont commencé à respirer et à recouvrer leurs droits imprescriptibles et leurs libertés chéries.

Quelques peuples anciens et modernes ont deviné et senti la force et l'utilité de cette grande et éternelle vérité. Les Grecs, les Romains, les Suisses, les Génois, les Hollandais, les Anglais, les Américains, les Français, ont reconnu ce grand et impérissable principe de justice. C'est animés par ce noble sentiment d'existence et d'indépendance, et éclairés par ce même principe et flambeau de sagesse et de bonne législation, que les Américains, ce peuple sage, brave, magnanime, courageux et immortel, ont adopté un code de lois, un système de législation digne de servir de modèle à toutes les autres nations de la terre; système de législation que ni la corruption de l'homme, ni la main destructrice du temps ne purent jusqu'ici détruire, ni ébranler, ni même altérer tant soit peu. Au lieu de confier aveuglément et *niaisement* leur sort, leurs libertés, leurs propriétés, leurs personnes, c'est-à-dire tout ce qu'ils ont de plus cher, indéfiniment et à perpétuité à un seul homme et à ses satellites ; au lieu d'abandonner le dépôt sacré de leurs lois au caprice et à l'arbitraire d'un despote et d'un ennemi de toute justice et de toute égalité, ils ne l'ont donné que pour un temps court et limité à l'homme le plus éclairé et le plus vertueux, et encore sous certaines restrictions et conditions *sine quâ non*, son autorité cesse d'avoir vigueur, et le pouvoir donné se perd et est révoqué par le seul fait de l'abus, *ipso facto*.

Pour prouver la vérité de ce que j'avance, je vais citer leur législation touchant la Pairie ou ce qu'ils appellent Sénat, parce que cette partie de leur législation si sage et dans son ensemble et dans ses parties, a un trait direct, une ressemblance frappante, une analogie complète au sujet de ma lettre, à la matière que je traite. Voici donc textuellement ce qu'on trouve dans leur Charte.

« Le Sénat des États-Unis sera composé de deux sénateurs de chaque État ou Province, choisis par les législatures respectives, pour l'espace de six ans, et chaque sénateur aura une voix. Immédiatement après qu'ils seront assemblés en vertu de la première élection, ils se diviseront, aussi exactement que faire se pourra, en trois classes : les siéges des sénateurs de la première classe seront vacans à l'expiration de la seconde année ; ceux des sénateurs de la seconde classe seront vacans à l'expiration de la quatrième année, et ceux de la troisième classe seront vacans à l'expiration de la sixième année; de telle manière qu'un tiers puisse être élu chaque deux ans; et s'il arrivait qu'il y eût des places vacantes par démission ou autrement, pendant que la législature serait séparée, le pouvoir exécutif pourra donner des commissions limitées jusqu'à la prochaine assemblée de la législature respective, qui alors remplira les places vacantes.

» Toute personne qui n'aura pas atteint l'âge de trente ans, et n'aura pas été citoyen des États-Unis pendant neuf ans, et qui, lors de son élection, n'habitera pas l'État où elle aura été élue ne pourra être sénateur.

» Le vice-président des États-Unis sera Président du Sénat; mais il ne pourra voter, excepté dans le cas où les voies seraient divisées en deux parties égales.

» Le Sénat choisira ses autres officiers, de même qu'un président de circonstance, pour le cas d'absence du vice-président des États-Unis, ou lorsqu'il remplira les fonctions du Président des États-Unis.

» Le Sénat aura seul le pouvoir de prononcer dans les procès de crime de lèse-nation. Lorsqu'il siégera à cet effet, ce sera après avoir fait le serment de suivre la justice la plus exacte; lorsque le Président des États-Unis sera jugé, le chef de la justice présidera, et aucune personne ne sera jugée coupable sans la concurrence de l'opinion des deux tiers des membres présens.

» Le jugement, en cas de crime de lèse-nation, ne s'étendra pas plus loin que la destitution et l'inhabilité d'occuper ou jouir de quelqu'honneur de confiance ou de profit dans les États-Unis; mais la personne convaincue sera néanmoins soumise et sujette à l'accusation ou procès, au jugement et punissement selon la loi.

» Les temps, les lieux et le mode d'élection pour le sénateur et les représentans seront prescrits dans chaque État par la législature respective; mais le congrès peut en tout temps, par une loi, faire de telles règles ou les changer, excepté quant aux lieux des élections pour les sénateurs.

» Le Congrès s'assemblera au moins une fois par an, et cette assemblée commencera le premier lundi de décembre, à moins que par une loi expresse il n'ait désigné un jour différent. Chaque chambre sera juge des élections, des réponses et des qualités de ses propres membres, et une majorité dans chaque constituera le nombre suffisant pour traiter les affaires; mais un plus petit nombre peut s'ajourner de jour en jour, et peut être autorisé à requérir la présence des membres absens; de telle manière, et avec telle amende que chaque chambre pourra ordonner.

» Chaque chambre pourra faire ses règlemens, punir ses membres pour conduite contre l'ordre, et chasser un membre à la majorité des deux tiers.

» Chaque chambre tiendra registre de ses séances, et publiera de temps en temps, en retranchant les parties qui pourront, d'après son jugement, exiger le secret; et les *oui* et les *non* des membres de chaque chambre, sur quelque question que ce puisse être, seront insérés dans le journal sur le désir d'un cinquième des membres présens.

« Aucune chambre, pendant la session du Congrès, ne pourra s'ajourner pour plus de trois jours sans le consentement de l'autre, ou se convoquer à toute autre place qu'à celle où les deux chambres tiennent leurs séances.

» Tout sénateur ou représentant ne pourra, pendant le temps pour lequel il aura été élu, être nommé à quelqu'office civil sous l'autorité des États-Unis, lequel aurait été créé ou dont les émolumens auraient été augmentés durant ce temps, et les personnes qui remplissent quelqu'emploi sous les États-Unis, ne seront membres ni de l'une ni de l'autre chambre pendant qu'elles continueront dans l'emploi, etc., etc. »

Telle est l'institution admirable que l'on trouve dans la Charte des États-Unis d'Amérique sur la Pairie ou Sénat ! Il n'est personne, je crois, sans passion et sans préjugé, qui ne conviendra que cette institution, dont je viens de parler, ne soit un modèle digne de l'imitation de tous les gouvernemens libres. On voit que cette institution sur la Pairie est en parfaite harmonie avec le grand et impérissable principe de la souveraineté de la nation qui doit être la base de toute constitution libérale. Dans un tel gouvernement tout fonctionnaire, depuis le chef politique jusqu'au dernier employé, doit être responsable de sa conduite, limité quant au temps de l'office. Or, c'est ce qu'on voit à l'égard de tous les fonctionnaires du gouvernement américain, et principalement des pairs qui ne restent en place que pour l'espace de six ans, après lequel terme ils rentrent dans la classe de simple citoyen d'où ils sont sortis, à moins qu'ils ne soient réélus à raison du talent et du zèle qu'il ont déployés en soutenant les intérêts, l'indépendance et la gloire de la patrie, et qui veut maintenant les en récompenser.

Au lieu de donner une autorité absolue et illimitée, à vie ou à perpétuité à leurs fonctionnaires publics et à leurs magistrats, les Américains, guidés par les vives lumières d'une saine raison, ont sagement restreint l'autorité donnée, limité le temps de sa commission à l'égard de tous leurs employés, même à l'égard du premier magistrat ou chef du pouvoir exécutif, en y attachant encore la responsabilité personnelle la plus rigoureuse, comme une sauve-garde et garantie de leurs droits, et comme moyen sûr et unique de prévenir tout attentat d'envahissement des droits publics, d'usurpation de la souveraineté nationale qui est toujours en danger d'être compromise ou renversée en pareil cas, et par ce moyen admirable et cette sage prévoyance, ils ont su conserver leur liberté, leur indépendance et leurs autres priviléges inaliénables ; tandis que la vieille Europe, usée par sa longue civilisation et la corruption des mœurs, sa sœur, avec toutes ses prétendues lumières et connaissances scientifiques, n'a pu jamais complètement s'émanciper, reconquérir sa liberté et encore moins la consolider et la conserver !

Par ce moyen sage et prévoyant de restriction de pouvoir, de limitation de temps et de responsabilité personnelle attachée à leurs fonctions, les magistrats ne peuvent jamais conspirer contre le salut de l'État, ni aider le pouvoir exécutif à méconnaître l'autorité supérieure du corps législatif, de l'attaquer, d'usurper sa souveraineté et de s'emparer de ses droits inaliénables !

Concluons donc que l'hérédité de la Pairie est injuste dans son principe, tyrannique dans son objet, inconstitutionnelle dans son institution et dangereuse dans ses effets ; que, par conséquent, elle doit être ou totalement supprimée ou entièrement réformée et modifiée ;

car la Charte a détruit toute distinction parmi les citoyens, elle veut qu'il n'existe dans l'État aucune classe ou corps de citoyens privilégiés; elle ne veut ni ne doit vouloir, sans compromettre son existence même, aucune autre distinction réelle, aucune inamovibilité absolue dans l'État que celle de la souveraineté du peuple, qui demeure toujours la même, une, seule et indivisible. Voilà la seule distinction, la seule inamovibilité, la seule hérédité qui n'attaque et ne compromet ni son salut ni son existence, et par conséquent elles sont les seules qu'elle peut admettre et tolérer : toute autre lui est nécessairement hostile et incompatible avec ses principes immuables et immortels de liberté et d'égalité.

Ainsi le projet de loi proposé par les ministres pèche sous tous les rapports; il se présente hérissé de sophismes et fécond en dangers pour le salut de l'État et la liberté des citoyens. Il doit donc être rejeté et dans son ensemble et dans ses parties, comme injuste, immoral, et tendant directement de sa nature à détruire les principes de liberté et d'égalité consacrés dans la Charte, et enfin à faire perdre à la nation ses droits imprescriptibles et sa souveraineté absolue.

L'objet de la pairie, comme elle existe en France, est évidemment d'établir une autre chambre en opposition avec celle des Députés pour la contrebalancer et la contrarier dans ses délibérations et ses opérations, lorsque ses vues sur la politique ne cadrent point avec celles de la noblesse et des gens privilégiés, comme on voit en ce moment à l'égard de la chambre des pairs d'Angleterre qui s'oppose de toutes ses forces et par toute espèce d'intrigues à la réforme salutaire que voudraient faire la chambre des députés et la nation tout entière. Mais son devoir, son objet principal (et c'est ici que cette institution se montre éminemment inconstitutionnelle et dangereuse), est de favoriser les prétentions et de seconder les attentats du chef de l'État, du pouvoir exécutif, sur la souveraineté du pouvoir législatif. Il est certain que ce corps fut évidemment établi dans cette vue et pour cet objet, et par conséquent, de sa nature même, il est dangereux aux libertés publiques et par conséquent doit être repoussé comme anticonstitutionnel ou réformé dans sa manière d'être.

Or, un corps qui a des intérêts différens de ceux de la nation avec laquelle il ne veut jamais confondre les siens, et qui, par son influence et sa grande prépondérance, balance le corps législatif même de la Chambre des Députés, en soutenant toujours par ses préjugés et ses intrigues le pouvoir exécutif dans ses prétentions et ses empiétemens sur le pouvoir législatif, seul et véritable souverain du pays, devait être ou tout à fait aboli, ou entièrement modifié! Une telle institution est à la fois aristocratique, injuste et immorale ; aristocratique en ce qu'elle favorise toujours les prétentions des nobles et des sommités de la nation, protège les interêts d'une certaine classe d'individus au préjudice de tous les autres ordres des citoyens, en leur ouvrant la porte à toutes les places et à tous les honneurs, ce qui est évidemment contraire à l'esprit de la Charte qui reconnaît que tous sont égaux devant la loi : injuste, en ce qu'elle prive des hommes de talent et de mérite des places et des rangs auxquels ils ont droit, en favorisant en même temps des gens ineptes, ignorans, orgueilleux et inhabiles, qui n'ont d'autres titres à faire valoir que le vain préjugé de la naissance, d'autres *insignia* de grandeur et de gloire personnelle à montrer que les statues fastueuses et inanimées, les parchemins poudreux et autres symboles insignifians de la splendeur éclipsée de leurs ancêtres, vains titres qui ne servent qu'à faire ressortir davantage leur propre néant en leur faisant sentir plus vivement la honte accablante d'avoir ainsi dégénéré! Non, ce n'est point la naissance, c'est la vertu et le mérite seuls qui font la différence : immorale, en ce qu'elle nourrit un principe dangereux de corruption, en excluant la vertu et en encourageant le vice; elle attaque la morale et la religion en admettant et même en soutenant avec acharnement et une criminelle persévérance une inégalité parmi les hommes, principe désavoué non-seulement par la raison, le bons sens et la philosophie, mais aussi par la religion elle-même qui le condamne et le combat de toutes ses forces et de toute sa persuasion, en ce qu'elle ne reconnaît d'autre différence réelle parmi les membres de la grande famille de l'espèce humaine que celle fondée sur le mérite et basée sur la vertu; elle se trouve également en opposition directe avec les principes immuables et éternels de la morale et de la justice en ce qu'elle méconnaît et foule aux pieds les droits imprescriptibles, sacrés, que la nature et la religion, mères tendres, également empressées à procurer le bonheur de l'homme, lui ont généreusement octroyés, et dont elles lui ont assuré la pleine et entière jouissance! Et certes, la société ne peut se sauver et se conserver que par la pureté des mœurs, la moralité des actions de ses membres, par la bonne conduite des citoyens en général, et enfin par le règne de la vertu qui doit triompher constamment sur le vice et la corruption. Or, elle ne peut atteindre ce but salutaire qu'autant qu'elle récompense la vertu et réprime le vice, qu'elle encourage tout genre de talens et de mérite, quelque part qu'ils se trouvent, et par conséquent elle ne doit faire aucune distinction ou acception de personnes, quelles que soient leur naissance ou leur fortune ; elle doit au contraire ouvrir et laisser la carrière des honneurs et des places libre à tous ceux qui veulent y entrer, pourvu qu'ils possèdent les qualités morales, les talens, le mérite et les autres conditions requises. Car si elle favorise une classe d'hommes à l'exclusion des autres, mérite égal, elle détruira nécessairement tout germe d'émulation, tout principe de rivalité, choses si essentielles à l'épuration et au perfectionnement de ses institutions, et manquera ainsi le but utile qu'elle se propose, le salut et le bonheur de la patrie. Ainsi la société, pour aller bien, ne doit reconnaître dans les membres qui composent son corps d'autre distinction que celle de la vertu, de talens et de mérite personnels. Sans cette marche sage elle perdra mille occasions d'agrandissement, mille moyens de bonheur et de gloire, commettra mille et mille injustices criantes, risquera de courir le danger de mille révolutions et guerres civiles. Or, comme je l'ai déjà prouvé, le système de l'hérédité de la pairie est contraire à tous les principes de justice, de liberté et d'égalité qui sont reconnus par la raison, le bon sens, la philosophie, la religion et la haute politique. Il combat toute espèce de fraternité et communauté en affaires politiques, trace sans cesse des lignes de démarcation, éteint tous les nobles sentimens d'honneur et d'indépendance dans le cœur de la grande majorité des citoyens, paralyse les efforts généreux du génie qui se développe, en l'excluant de toutes ses faveurs, comme on l'a vu par le passé, nuit d'une manière sensible à l'élan et à l'essor de l'esprit national qui se trouve comprimé, et détruit ainsi tous les moyens d'action et d'énergie en les rendant inutiles à l'État. Il est donc évident qu'un tel système est essentiellement vicieux dans ses principes et dangereux dans ses suites, et par conséquent doit être rejeté comme nuisible aux vrais intérêts de la nation! D'ailleurs, cela est absurde, cela est inadmissible dans un gouvernement dont la souveraineté des peuples est la base!

Prenez garde, Messieurs, qu'en communiquant à ce nouveau corps, qui ne représente aucun intérêt réel, un partie du pouvoir éminent dont vous êtes revêtus, vous ne compromettiez votre propre souveraineté et celle de la nation. Rappelez-vous combien dangereuse a toujours été cette participation du pouvoir.... Souvenez-vous qu'en tout temps il en a abusé, qu'il l'a tourné contre la souveraineté nationale et les intérêts de la société. Gardez-vous donc, dans les circonstances actuelles, de prendre aucune marche qui puisse porter atteinte à la majesté, aux droits imprescriptibles du peuple souverain; vous en êtes les représentans et les mandataires. Tout faux pas de votre part serait dangereux, criminel à l'excès. Songez, surtout, aux conséquences funestes qui pourraient en résulter, à la responsabilité terrible qui pèserait sur vous si vous abandonniez les intérêts que vous êtes chargés d'une manière spéciale de soutenir ; pensez aux devoirs sacrés que vous impose l'honorable mission que le vœu de la nation vous a appelé à remplir ; faites attention à ce que cette cause sacrée, qui est confiée à vos soins, à votre vigilance, et à la conservation de laquelle vous êtes obligés de veiller constamment, ne périsse pas entre vos mains !....

Voilà l'instant de consolider d'une manière durable les institutions constitutionnelles, et d'établir pour toujours le principe immortel de la souveraineté de la nation ; songez que si vous laissez perdre l'occasion favorable qui se présente dans ce moment, pour assurer à jamais le règne de la justice, de la liberté et de l'indépendance de la nation, vous serez cause des suites funestes qui en résulteront, que votre mémoire sera détestée, livrée à la malédiction de vos commettans, de vos concitoyens et de la postérité ; le moment perdu ne reviendra jamais ; c'en est fait de la liberté ; l'empire de la tyrannie commence. Il faut peut-être des siècles et de longues guerres civiles, avec les terribles fléaux qui les accompagnent, avant qu'on puisse recouvrer ses droits inaliénables ; il faut peut-être traverser des monceaux de cadavres et nager dans des torrens de sang avant qu'on puisse rentrer dans le sanctuaire du temple de la liberté. Méfiez-vous donc des paroles mielleuses et trompeuses des ministres qui s'insinueront comme un serpent sous les fleurs. Gardez-vous bien de croire aux belles promesses et aux argumens captieux qu'ils vous feront sur cet article. Il ne marchent pas franchement dans la voie constitutionnelle que les héros de juillet leur avaient tracée après l'éclatante victoire qu'ils venaient de remporter sur les partisans aveugles et furieux de l'absolutisme ! Pénétrez-vous bien de l'importance de votre charge, de votre ministère ; vous êtes envoyés pour faire des lois, non seulement pour le siècle présent, mais encore pour ceux qui doivent suivre ; n'oubliez pas que vous êtes appelés à décider sur une question grave, qui se rattache aux bases même de notre système libéral ; pensez-y sérieusement et agissez en conséquence ; réfléchissez que la France, l'Europe, le monde entier ont les yeux fixés sur vous et sur la marche que vous allez prendre ; faites sentir aux ennemis de la liberté, de quelque nuance qu'ils soient, et votre mission et votre autorité et votre force ; montrez, par l'énergie de vos mesures et de vos opérations, toute l'influence et toute la puissance de votre souveraineté, ainsi que toute la plénitude du pouvoir absolu qui réside en vous comme corps législatif, être collectif et moral, dont les membres représentent la nation qui les a délégués pour agir en son nom.

Souvenez-vous que la souveraineté nationale renfermée dans la charte, est un dépôt précieux et sacré qui est aussi confié aux soins et au zèle de votre chambre ; gardiens fidèles et sévères, sentinelles actives et vigilantes, vous devez le transmettre parfait et intact à vos successeurs dans la carrière législative. Pénétrés de reconnaissance pour les bienfaits de la nation qui vous a appelés comme des élus, des personnes de confiance, a d'aussi honorables fonctions, pour tout ce qu'elle a fait, et pour tout ce qu'elle aurait voulu faire encore, vous devez chercher à seconder jusqu'à l'élan généreux de son cœur, en allant au devant d'elle et en vous efforçant de tous vos moyens de réaliser les vues bienfaisantes qu'elle a sur ses enfans ; être jaloux de la prérogative nationale, c'est l'être de nos libertés et de notre bonheur !

Ah ! Messieurs, gardez-vous d'ôter au corps chéri, à l'assemblée générale des représentans dont la France et l'Europe entière s'honorent; gardez-vous de lui ôter aucun des moyens de faire le bien par lui-même, de réparer des injustices, de corriger des erreurs, de récompenser des services rendus ; gardez-vous de diminuer un pouvoir dont il sait si bien se servir. La nation elle-même vous demanderait un compte rigoureux de cette soustraction injuste et dangereuse faite à la prérogative de la chambre des mandataires du peuple, et qui la priverait des moyens nécessaires pour opérer la régénération politique et morale, le salut et le bonheur du pays, qu'elle se propose et doit se proposer sans cesse.

Rendez encore ce nouvel hommage à la charte, qui attend impatiemment de vous ce dernier degré de son perfectionnement; qu'elle soit ensuite votre boussole, qu'elle soit votre règle et votre loi suprême.

Puisse cet hommage sincère ne pas devenir l'occasion ou fournir le prétexte de nous adresser encore le reproche d'une opposition constante et presque machiavélique aux propositions que les ministres vous font au nom du roi. Ah! Messieurs, pour nous mettre à même de répondre à ce reproche, que l'on ait enfin la générosité de nous donner des lois sages, des lois justes, des lois vraiment constitutionnelles. La France et l'Europe entière, qui nous contemplent, jugeront alors de nos intentions, par notre zèle à les soutenir et à les défendre ; elles verront si c'est sur des systèmes chimériques ou sur des principes incontestables qu'est fondée cette malheureuse opposition que nous commandent notre conscience, la paix et le bonheur de la patrie, mais qui pèse si douloureusement sur nos cœurs ; elles verront si elle est le fruit du caprice ou l'effet de la conviction. Ce n'est, Messieurs, que sous l'égide protectrice et tutélaire de la charte, expression fidèle de la volonté générale et dépositaire de la souveraineté nationale, que les partis de toutes les couleurs et de toutes les nuances, peuvent désormais se rallier ou, pour mieux dire, se fondre et s'anéantir ; c'est devant elle, *Palladium* de nos libertés, c'est au pied de ses autels que les préventions et les prétentions doivent s'éteindre, que les passions doivent se taire, que la diversité des opinions doit enfin disparaître à jamais.

Ce n'est point dans des questions aussi essentielles, ce n'est point dans l'application d'une disposition constitutionnelle, à laquelle sont attachés peut-être les destinées de la France, ce n'est point, quand il s'agit d'une législation définitive sur l'un de nos plus grands intérêts, d'une loi réclamée par la charte elle-même, comme complément nécessaire d'un article qu'elle renferme, que vous pouvez vous écarter des principes et de leurs conséquences.

Et qu'on ne vienne point couvrir encore ces nouvelles infractions du voile officieux du salut public et de la nécessité.

Car le beau nom de salut public, si long-temps exploité et profané parmi nous, n'est plus aujourd'hui qu'un mot vague, auquel chacun peut attacher des idées différentes, suivant la manière dont il est affecté ; et cependant avec ce mot magique dont on détermine trop souvent le sens et la valeur, au gré des passions dont on est agité, des préventions dont on est imbu, il n'est pas un seul article de notre pacte social qu'on ne pût éluder ou détruire.

Ce ne sera jamais (disent sans cesse les ministres du roi à la tribune des Chambres), ce ne sera jamais que pour conserver la Charte, ce *Palladium* de nos libertés et de nos droits, que nous proposerons d'y porter la moindre atteinte ou modification.

Le moyen le plus certain, ajoutent-ils, de conserver votre confiance et celle de la nation, est de vous proposer franchement toutes les mesures que le salut de la monarchie exige ou que le salut de l'état réclame.

Malgré la forte garantie que présente la promesse solennelle des ministres du roi, faite devant les Chambres des Pairs et des Députés, j'aimerais mieux encore, je l'avoue, qu'on nous eût donné l'authentique assurance que, sous quelque prétexte que ce pût être, aucune atteinte, ni même aucune modification considérable ne serait portée désormais à la loi constitutionnelle de l'État, et surtout qu'on tînt parole. Cet acte de loyauté sera plus propre, je pense, à conserver aux ministres du roi la confiance des Chambres et celle de la nation.

Toutefois, à l'exemple de ces mêmes ministres qui, en proposant à la Chambre des Députés l'adoption du projet de loi sur l'hérédité de la Pairie qui suspendrait ou plutôt détruirait pour toujours la prérogative de sa souveraineté relativement à la confection des lois et autres actes législatifs, invoquaient franchement, et avec une touchante naïveté, *toute la Charte, et rien que la Charte*, qu'il nous soit permis du moins, avec un peu plus de raison et de vérité, sans doute, d'invoquer aussi la Charte dans toute sa plénitude quand il s'agit de repousser les attaques qui lui sont faites, et les coups directs ou indirects qu'on voudra lui porter.

J'opte donc pour le rejet du projet de loi touchant l'hérédité des pairs, bien persuadé que dans cette session, les ministres peuvent nous en présenter un meilleur, préparé par les débats même de la Chambre. Je me réserve d'ailleurs dans la suite de traiter cette matière plus amplement et d'en développer au long les divers principes, si les ministres persistent et si les circonstances l'exigent.

9

www.ingramcontent.com/pod-product-compliance
Lightning Source LLC
Chambersburg PA
CBHW060708050426
42451CB00010B/1339